La tierra al vuelo

OTROS LIBROS DE MARGARITA ENGLE

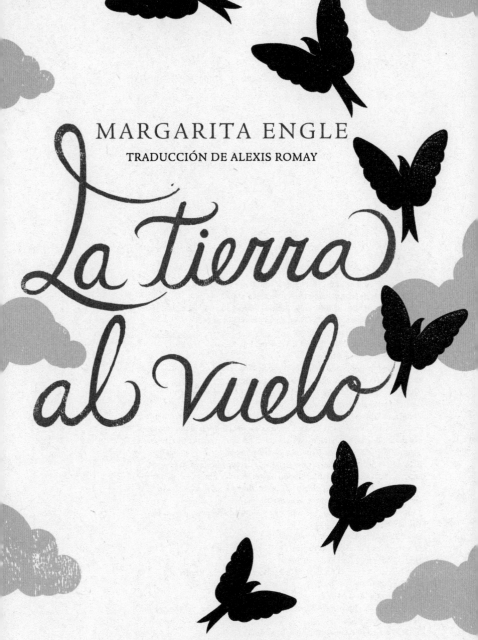

MARGARITA ENGLE

TRADUCCIÓN DE ALEXIS ROMAY

La tierra al vuelo

UNA CONTINUACIÓN DE *AIRE ENCANTADO*,
SU LIBRO DE MEMORIAS

Atheneum Books for Young Readers Nueva York Londres Toronto Sidney Nueva Delhi

atheneum

Un sello editorial de Simon & Schuster Children's Publishing Division
1230 Avenida de las Américas, Nueva York, NY 10020
Esta obra es un libro de memorias. Refleja el recuerdo presente de la
autora de sus experiencias a lo largo de un período de años.
© del texto: 2019, Margarita Engle
© de la traducción: 2020, Simon & Schuster, Inc.
Traducción de Alexis Romay
Originalmente publicado en inglés como *Soaring Earth*
© de la ilustración de la portada: 2019, Edel Rodríguez
Todos los derechos reservados, incluído el derecho de reproducción total
o parcial en cualquier formato.
El logo de Atheneum es una marca registrada de Simon & Schuster, Inc.
Para información sobre descuentos especiales para compras al por mayor,
por favor póngase en contacto con Simon & Schuster. Ventas especiales:
1-866-506-1949 o business@simonandschuster.com.
El Simon & Schuster Speakers Bureau puede llevar a autores a su evento
en vivo. Para obtener más información o para reservar a un autor, póngase
en contacto con Simon & Schuster Speakers Bureau: 1-866-248-3049 o
visite nuestra página web: www.simonspeakers.com.
También disponible en una edición de tapa dura de Atheneum Books for
Young Readers
Diseño del libro: Debra Sfetsios-Conover
El texto de este libro usa las fuentes ITC Legacy Serif Std.
Hecho en los Estados Unidos de América
Primera edición en rústica de Atheneum Books for Young Readers,
octubre 2020
10 9 8 7 6 5 4 3 2 1
Los datos de este libro estan a la disposicion en la Biblioteca del Congreso
de los Estados Unidos.
ISBN 978-1-5344-6214-4 (edición de tapa dura)
ISBN 978-1-5344-6213-7 (edición en rústica)
ISBN 978-1-5344-6215-1 (edición digital)

Para los soñadores
cuyos sueños parezcan imposibles

¡Volar sin alas donde todo es cielo!
Anota este jocundo
pensamiento: Parar, parar el mundo
entre las puntas de los pies,
y luego darle cuerda del revés
para verlo girar en el vacío…

—Antonio Machado, "Poema 53"

❦ Índice ❧

CON LOS PIES EN LA TIERRA

Las visitas veraniegas al aire encantado de Trinidad,
   en Cuba, ahora
son ilegales, lo que transforma al pueblo natal de mi madre
en un misterio de imposibilidad, algo que ya no es asequible
en la vida real.

Mis sueños de ver mundo sólo pueden deambular en la
   biblioteca
y bailar en las resplandecientes páginas planas de todos los
   países
en la revista *National Geographic* y escoger aldeas
con una brillante luz solar, cotorras radiantes, selvas verdes,
calor tropical.

Ya soporté más que suficiente lo de estar entre dos aguas:
   demasiado joven
para viajar por mi cuenta, pero bastante mayor para el inerte
aislamiento
adolescente.

Sí, me siento lista para crecer y enfrentarme al primer empleo
   que me prometa
una vida nómada...

pero antes de que termine la universidad y me vuelva
   independiente,
tengo que comenzar
el bachillerato.

Aire espacioso

1 9 6 6 - 1 9 6 8

SUEÑOS DE VIAJAR

Los destinos se me vienen encima
desde los colores en fotos deslumbrantes,
una cálida cualidad tentadora que sólo se ve en la luz
del aire tropical.

Voy a ahorrar un montón de dinero con mi trabajo de niñera
y me escaparé de Los Ángeles.
Basta ya de esmog; sólo anhelo una selva tropical, pacífica
bajo un cielo tan intenso que cada exhalación
debe estar encantada como el aire de Cuba
y flota como un pájaro salvaje sobre los bosques
y las granjas, verde entre dos
tonos de azul,
el mar y el cielo,
mitad memoria borrada por las olas,
mitad fantasía en pleno vuelo.

¿A dónde debo viajar?
¿Perú? ¿Borneo? ¿La India?
El resplandor de las fotos sólo es atenuado
por mi edad, demasiado joven para viajar
por mi cuenta, demasiado mayor para tener de amigos
a unos caballos imaginarios.

REALIDAD

La India tiene muy buena pinta,
pero mis sueños de ver mundo
tendrán que esperar.

El bachillerato comienza inmediatamente después
de que cumplo catorce años, los pasillos
son
    un torbellino
de
    desconocidos...

pero soy bastante buena en eso de empezar de nuevo
porque tengo mucha práctica en decirle adiós
al pasado, así que después de la escuela, me siento en un rígido
    muro
a desear el futuro, a esperar a ser mayor,
con mi edad actual como un híbrido,
mitad acertijo,
mitad rompecabezas.

LA GEOGRAFÍA DE UN MURO

El muro es una barrera que separa
al John Marshall High School de la calle,
una pobre imitación del dique en mi memoria,
esa piedra coralina del malecón de La Habana.

Este muro está diseñado para separar las olas
de estudiantes estridentes
de las peligrosas aguas revueltas
del tráfico.

¿O es acaso para mantener separados a los muchachos ricos
de los comunes? Los pudientes tienen carros que salen
   disparados
mientras el resto esperamos un autobús o a un padre
y el muro divide la cascada que formamos en charcos, pozas de
   marea,
grupos ya hechos de muchachos relajados que se conocieron
   en el jardín de la infancia
y las algas descarriladas, quienes fuimos transferidos aquí
de otros distritos y llegamos sin conocer
a nadie.

Gente chévere.
Solitarios.
Marihuaneros.

¿Acaso las olas me llevarán a una orilla en un turbulento
charco
de la amistad?

Con mis anchas caderas cubanas
y mi encrespado pelo negro,
nunca tendré un lugar
entre los surfistas rubios
o los elegantes miembros de la alta sociedad,
así que tan sólo puedo esperar
que otros ratones de biblioteca
a la deriva
me encuentren.

M. DEL EJÉRCITO

No he pasado muchas semanas en el muro
cuando un reservista del ejército con pelo muy corto
comienza a coquetear conmigo.

Soy cubanoamericana.
Él es mexicanoamericano.
Casi lo mismo.

Pero su corte de pelo militar me preocupa.
¿Cuánto tiempo pasará antes de que vaya a parar a Vietnam,
a matar
o a morir
o ambas cosas?

Provengo de una estirpe de pacifistas que siempre han
   marchado
en señal de protesta, porque la Guerra Fría ya ha cortado en
   dos
a nuestra familia, así que imagínate cuánto peor
será en el sureste de Asia, donde las bombas de Estados Unidos
y las llamas químicas del napalm
queman vivos a aldeanos
en las noticias
de cada noche.

NOVIAZGO

Ninguna guerra dura por siempre, así que más tarde o más
   temprano
el mundo guerrero de M. del ejército y mis deseos de paloma
   de la paz
con toda certeza habrán de encontrarse en un punto
   intermedio.
¿No es cierto?

De pronto, mi plan de pasarme los fines de semana de niñera
para ahorrar dinero para mis expediciones tropicales
ya no parece tan urgente como las noches de viernes
de paseo en un lowrider,
con mi mente de estudiante de noveno grado, de catorce años,
tan imperfectamente emparejada
con la de un estudiante de duodécimo grado, con casi
   dieciocho años,
mi novio.

Sus amigos mayores, sus carnales, en el asiento trasero,
ya han abandonado la escuela,
se han alistado en el ejército, han peleado en Vietnam
y han regresado con tatuajes
y toda suerte de
cicatrices.

UN TORBELLINO DE MESES

El tiempo
s
e

t
u
e
r
c
e

y
se enreda,
y me aleja
de sueños de viajes
   intangibles.
Trabajo en clase.
Tareas.
Informes de investigación.
Paseos nocturnos en carro los viernes.
Las mañanas del sábado en la biblioteca de Arroyo Seco
seguidas de mi trabajo de niñera, con mi dinero a buen
   resguardo
y acumulándose lentamente en aras de ir a algún remoto
   rincón
de Bengala o Cachemira.

RATÓN DE BIBLIOTECA

No puedo parar, aunque los amigos de M. del ejército
se burlen de mí por estudiar tanto
y leer historias de viajes en mi tiempo libre,
los lugares que ellos han visto rumbo a la guerra
tan misteriosos y llenos de aventura para mí,
una muchacha demasiado joven para entender nada
de batallas.

Pacifista friqui.
Jipi.

Los amigos de M. del ejército dicen que es muy fácil protestar
contra la violencia, cuando no es a ti
a quien van a arrestar si no te enlistas
al reclutamiento.

Tienen razón: en tiempo de guerra, la vida
es tanto más corta para los muchachos, ya que las muchachas
no son obligadas a ir —ni permitidas— en el campo de batalla.

Bookworm. Ratón de biblioteca. Es el apelativo animal que me
    han dado
toda mi vida, pero en Cuba,
worm quiere decir *gusano*,
un insulto usado por los revolucionarios para perseguir
a cualquiera que desee unirse a sus parientes
exiliados en Estados Unidos.

Mi abuelita
ahora mismo probablemente está siendo acosada por *gusana*,
así como todos los demás que sueñan con huir
de su isla arrullada por las olas y llegar
a estas duras orillas rocosas.

Ratón —¿o gusano?— de biblioteca.
Hay tantos modos de mirar
al futuro alado de una oruga...

Pero por fin soy identificada y reclamada
por un entusiasta grupo de lectores estudiosos
que son en su mayoría una mezcla, mitad esto,
mitad lo otro, tolerantes de todos los demás,
americanos con guiones, todos nuestros guiones
igualmente
alados.
Japón, Corea, China, Holanda,

México, Cuba, las patrias
de nuestros padres inmigrantes
en verdad no importan aquí,
en el muro en donde la ciencia
y la poesía
son las pasiones
que nos unen.

Algunos de mis nuevos amigos ya han escogido
las metas para sus carreras, que exigen títulos
de las mejores y más prestigiosas universidades,
así que ocupan sus calendarios después de la escuela
con actividades extracurriculares:
música, debate, teatro, deportes.

Pero al único club al que yo podría aspirar
es uno formado por las muchachas que no pertenecen a
   ningún sitio,
así que una universidad estatal tendrá que ser suficiente para
   mí,
ya que la aceptación a las más lujosas escuelas queda reservada
para quienes son lo suficientemente valientes como
para actuar
o competir.

SUEÑO DESPIERTA

Luego de esos veranos de mi infancia en Cuba,
cuando mi libertad de viaje de dos alas
fue perdida a ambos lados del océano,
aprendí a imaginarme íntegra
al asentarme
en el peso
de la tierra
inerte.

Pero el mundo no es pesado, no en verdad,
vuela
a través de la galaxia
y orbita alrededor del sol y da vueltas
en torno a un eje invisible y se eleva lejos
todo al mismo tiempo, mientras la gente que flota finge
que nos sentimos a salvo
arraigados.

Y eso es lo que hago, vivir dos vidas,
dormida y despierta, de paseo en carro o en mis libros,
al estudiar,
al dormir...

Paso tiempo con M. del ejército
y luego con mis amigos, los ratones de biblioteca.
De noche
y de día.
Sé cómo mantener en equilibrio

a dos planetas que giran,
uno en cada mano,
como una malabarista.
¿No es cierto?

LA CLASE DE ESPAÑOL

Este pausado ritmo mexicano es más natural
en una ciudad en la que todos dicen: «Mira»,
en lugar de lo que se dice en Cuba: «Oye».

Tal vez esta sensación de haber perdido el idioma
se debe a que nuestra familia era tan grande en la isla
en la que nuestros parientes charlaban, se reían y gritaban
al mismo tiempo, sin que nadie hiciera una pausa
lo suficientemente larga para escuchar
y por eso el «¡Oye!»
era el único modo
¡de que te hicieran caso!

Ahora todos los bullangueros primos amistosos
igual podrían estar en otro universo.
Sin viajes, sin visitas de verano, como si la infancia
hubiese sido transformada en el deseo imaginario
de un personaje de ficción.

Cuando un amigo —ratón de biblioteca chinoamericano—
que tiene en planes ser maestro de español algún día
me acusa de arrastrar la *erre*
de un modo exagerado
que es demasiado largo y vibrante
como un grillo, recuerdo
lo que me enseñó
mi madre cubana

que me hacía recitar
una y otra vez:
«*Erre con erre guitarra,*
erre con erre barril,
rápido corren los carros
por la línea del ferrocarril».

Velozmente, con ese ritmo de martilleo
de las urgentes voces de la isla, ese es el modo
en que decía mamá que las erres deberían
correr.

Pero he estado lejos de Cuba por tanto tiempo
que mi fe en lo que sé comienza a disiparse
y acabo en silencio y resentida, en lugar
de defender mis propias memorias
reales.

¿Olvidaré el español
si no puedo viajar
y practicarlo?

Chichén Itzá en México,
Machu Pichu en el Perú,
Tikal en Guatemala.
¿Cuál ruina antigua
de ciudades magníficas
debería visitar
primero?

MÁS TORBELLINOS

Adonde divaga mi mente, la historia la sigue,
dando vueltas y más vueltas: Vietnam, la Guerra Fría,
ofensivas militares, defensa propia,
conspiraciones
comunistas o anticomunistas.

Todas estas frases que escucho cada día en las noticias
me hacen preguntarme por qué Estados Unidos intenta
    mangonear
al mundo entero, bombardeando países
tan distantes.

Mis amigos ratones de biblioteca y yo no podemos detener
esas feroces batallas mares allende, así que en su lugar
    protestamos
contra el código de vestuario de nuestra escuela: dejen que los
    muchachos lleven el pelo largo
y permitan a las muchachas usar vaqueros para ir a clase
en lugar de faldas.

Perdemos, por supuesto, pero al menos lo intentamos,
y el esfuerzo hace que cambiar la dirección en la que el mundo
da vueltas
parezca posible.
Mientras tanto, los muchachos abandonan la escuela
tan sólo para dejarse crecer la coleta.

Todos los muchachos de pelo largo se escapan
a San Francisco.

Los Ángeles comienza a parecer una tierra
de muchachas abandonadas.

Me toma algo de tiempo comprender
que los muchachos de cabezas desgreñadas
imitan a las estrellas del rock: los músicos
que copian a los barbudos revolucionarios
como mis tíos y mis primos
en la isla.

Para un lugar tan pequeño,
Cuba parece tener un modo
de atraer la atención
del mundo entero.

VIAJE EN EL TIEMPO

De noche, mi mente da vueltas
a través de sueños voladores
y yo me elevo y planeo
cual superhéroe
con los brazos extendidos
hacia adelante
en busca
de la paz.

En los sueños, rechazo la realidad
y regreso al azul-verde-azul
de la isla de mi infancia rodeada por el océano,
una valiosa tajada
de la memoria.

Mi única limitación es el tiempo.
Más tarde o más temprano, tendré que despertar
y volver a mi naturaleza inerte de adolescente.

Cuando era más joven, me imaginaba a una gemela invisible
que habían dejado en la isla y ahora me pregunto si ella
era un sueño o si esta durmiente de aquí es mi yo verdadero.

IDENTIDAD

Aunque ya no me puedo sentir
como una cubanita real,
todavía lleno mi cuarto de colores del trópico,
una piñata roja y una periquita, enjaulada y sin trino
igual que yo.

En la clase de Inglés, escribo un cuento sobre abuelita,
que tuvo la valentía de ser la primera divorciada
en Trinidad, un pueblo en el vientre
de esa isla con forma de cocodrilo
perdida hace tanto tiempo.

Mi abuelo padecía de epilepsia en una época en que la morfina
era la única cura. Probó con hierbas cantonesas,
con santería del Congo, con curandería indígena,
pero acabó volviéndose violento y con el tiempo
murió de una sobredosis.

El cura le echó la culpa al divorcio.
No en balde mamá todavía está resentida con la Iglesia
    católica.
Limita su fe a leer los boletines de los cuáqueros,
que ayudan a darle forma al movimiento pacifista
de manera firme y profunda
en mi mente.

Papá dice que es agnóstico y además judío,
pero escucha a un gurú hinduista en la radio

y cuando salimos a pasear en carro los domingos, se sienta
a la orilla de un arroyo de montaña y explica
que intenta comunicarse con la naturaleza
mientras da brochazos de acuarela
a lo largo de una hoja de papel en blanco
que resulta ser
una suerte de espejo mágico
que puede mostrar árboles pacíficos
exactamente del modo que son
mientras que ignora las cosas hechas por el hombre
—carreteras y cercas— y devuelve
a una porción del bosque herido
su integridad
natural.

Algún día, tal vez mi poesía y mis cuentos
aprenderán a alterar el idioma y crear
una cápsula de tiempo en la que puedan encontrarse
el pasado y el futuro.

NO A LA MANERA DE
ROMEO Y JULIETA

Cuando M. del ejército cumple dieciocho años
ayudo a su familia a organizar una fiesta animada
aunque sus compinches tatuados
se burlen de mí por llevar pantalones campana
de jipi
en lugar de un resplandeciente
vestido de encaje.

M. del ejército y yo en realidad no rompemos.
Tan sólo se va y cuando llega
al entrenamiento básico, me envía una foto
de su taquillero, con mi foto escolar adentro
pegada con cinta adhesiva, con una sonrisa y vestida
de un amarillo girasol, un color que me hace lucir
como una desconocida, porque últimamente lo único que
    quiero
es la tela azul verdosa de *tie-dye*, como Joan Baez,
la hermosa cuáquera mexicanoamericana,
una cantante de música folk, mi poeta favorita
de la paz.

LA SEPARACIÓN

Los ramales
            de
                los ríos
cambian
      la elevación
             del agua
transformada en vapor...
un riachuelo aéreo
de nubes
      y de dudas.

              ¿Sola en el espacio exterior?
¿Juntos en la tierra sólida?
           No.
Tan sólo flotamos
               ingrávidos
en un punto
            intermedio.

Sin mi primer novio,
¿quién soy
yo?

UNA TRANQUILA VIDA DOMÉSTICA

Ya no hay más M. del ejército, sino sólo atardeceres
de limpiar la casa de una maestra y noches de viernes
de niñera en aras de ahorrar para mi viaje mítico
a la India, Borneo, Perú, y luego los sábados
en el jardín con mamá, plantando árboles,
desyerbando y devolviendo a plantas casi muertas
y de un color marrón seco
a la verde memoria
de este mundo
al vuelo.

Vivo como una anciana: hago costura y bordo
mientras escucho música cubana y sonrío o lloro
en dependencia del ritmo y del tiempo que hace
que recibimos una carta de abuelita
en la isla.

¿Cómo es posible que un lugar pueda permanecer tan distante
mientras parece tan cercano como estas flores
en mi mundo bordado
con hilos sedosos?

CORAJE

Mi hermana mayor vende globos en el zoológico.
A veces entra a la jaula de los lobos,
pues estudia para ser cuidadora.

En los fines de semana, se pone una boa constrictora
   colombiana
de dos metros alrededor del cuello, la serpiente gigante
que compró de mascota y que todavía tiene,
aunque sigue creciendo
y volviéndose más poderosa.

No tengo valor para hacer otra cosa
que no sea leer
o soñar despierta.

Mi único coraje
es dentro de mi mundo secreto
de la imaginación.

MEJORES AMIGAS

Dos de mis más cercanas amigas del grupo de ratones de
    biblioteca
comparten el mismo nombre, así que pienso en ellas
como E. bajita y E. alta: la primera, una delicada bailadora;
la segunda, felizmente robusta, se pone camisas de hombre
y ayuda a su padre a inventar espectáculos de rayos láser
con luces que centellean al ritmo de la música de rock.

Con E. bajita hago autostop, con E. alta me voy de caminata.
En cualquier caso, nunca llegamos a ningún destino,
tan sólo deambulamos como aventureras, explorando
la ciudad o las montañas.

Pero cuando E. bajita comienza a fumar porros, su mente
se desliza lejos, primero despacio, luego rápidamente, hasta
    que ve
gente que no está ahí y escucha ruidos amenazadores
más allá de las ventanas silenciosas...

La mayoría de mis amigos ratones de biblioteca fuma
    marihuana,
pero sólo E. bajita sufre de esta manera dominada por el
    pánico
y se rinde a unos terrores de pesadilla mientras está
    completamente despierta.

Las hojas de olor dulce tan sólo me hacen sentir sosa y
    soñolienta

mientras miro a E. bajita balancearse al borde de un abismo
   llamado
esquizofrenia.

Pero todavía no nos distanciamos,
ni siquiera cuando ella piensa
que es un gato que acecha
y que maúlla.

Sus largos años de hospitalizaciones
vendrán luego.

Por ahora, las dos confiamos en que
las mentes que se van de viaje con las drogas siempre podrán
regresar.

EL CAMPAMENTO DE LA HERMANDAD

A los cuáqueros les encanta invitar a todos a reunirse,
conocerse mutuamente, hablar, escuchar o sentarse en silencio
y esperar a que llegue la amistad.

Yo soy tímida, pero cuando mamá me apunta al campamento,
me aventuro a las montañas con adolescentes de todas partes
de la enorme área de Los Ángeles, nuestros vecindarios
tan distantes que sabemos que jamás
nos volveremos a ver y aun así me siento bien,
como si esto fuese un modo de pertenecer al mundo entero
al mismo tiempo.

Cuando un muchacho de Watts me besa, ambos acordamos
que, si viviésemos más cerca, nos conoceríamos
a una velocidad normal, en lugar de tan
brevemente.

LOCA POR TENER NOVIO

Anhelo enamorarme, creer en el amor,
convencerme a mí misma de que soy capaz
de amar.

Pero de regreso a la escuela, luego del Campamento de la
   Hermandad,
mi novio siguiente sale disparado en una motocicleta
a visitar a su familia filipina en un estado remoto.
Discuto con mis padres, les imploro que me dejen ir con él,
pero me gritan que no, y cuando él no regresa
me siento casi aliviada, pues las motocicletas
me dan miedo y el coraje es sólo algo
que finjo
entender.

Aun así, loca por tener novio, comienzo a salir con alguien
casi de inmediato, un educado y estudioso ratón de biblioteca
que me lleva a jardines botánicos y a un aviario
en el que un colibrí se posa sobre mi pelo crespo
como si yo me hubiese transformado en un nido.

Pero esto no es amor y nunca va a funcionar,
porque el muchacho se lleva bien con mis padres,
pero me advierte que nunca
conoceré a su familia.

Son de China y él me dice
que ellos definitivamente pensarán que soy demasiado
extranjera.

GLOBAL

En medio de la locura por muchachos reales
y las fantasías con tipos imaginarios,
hay libros.

Me quedo estupefacta cuando la lista de libros
en la clase de Literatura del Mundo está limitada a Europa,
así que me atrevo a leer el *Mahabhharata* de la India,
al mexicano Octavio Paz y poemas anónimos
antiguos de Japón, haciendo valer mi derecho
de explorar
el mundo entero.

Cuando le entrego mi informe de lectura
de mi lista de libros independientes,
la maestra se sorprende, pero está de acuerdo
en que tiene sentido y acepta
mis sugerencias, aunque
sean forajidos desde el punto de vista
de ese currículo provinciano.

A veces lo único que tienes que hacer es desear las cosas
en voz alta.

CLASE DE HONORES
DE ESCRITURA CREATIVA

Suena muy emocionante en papel,
pero la realidad provoca miedo,
un grupo de adolescentes criticones
de todos los confines de la ciudad
que se sientan en un círculo
y se turnan
en sonreír con superioridad
mientras se dicen los unos a los otros
cuánto detestaron
cada poema
y cada fragmento
de un cuento.

Así que dejo de escribir. Me congelo.
Los desconocidos son imposibles de complacer.
Si alguna vez vuelvo a garabatear algo, mantendré
cada palabra atesorada
en secreto.

CIENCIA

Sin poesía, aún puedo sentir amor por la naturaleza,
pero el maestro de Biología es un entrenador deportivo
que más que nada habla del tamaño de las nalgas de su esposa
tan sólo para hacer reír a los muchachos populares.

Así que me apunto en una clase de Fisiología
impartida por una bióloga marina que nos lleva
a pozas de marea y nos muestra las similitudes
entre la anatomía de los pulpos y los humanos.

Todas las criaturas están conectadas, incluso los raros
pepinos de mar, los espinosos erizos y las anémonas
que saludan con tentáculos que se parecen a las plantas.

De vuelta en nuestro salón de clase, la maestra salta
de un escritorio de madera a otro,
proyectándose por encima de nosotros, mientras demuestra
cómo un impulso nervioso salta a través de una sinapsis,
la brecha microscópica entre células que están separadas.
Cruzar un abismo, eso es lo que dice que nos hace falta,
como un salto
     valiente   de   fe.

CORREO AÉREO

Las cartas a Cuba y desde Cuba
llegan lentamente, a través de un complejo laberinto de
    terceros
países, porque las naciones que no tienen
relaciones diplomáticas
nunca se sientan juntas
a escucharse
mutuamente.

Tal vez debería haber un Campamento de la Hermandad
para adultos: políticos y diplomáticos
puestos a nadar, a irse de excursión, antes de cantar
alrededor de una fogata, hacerse amigos
o incluso besarse.

Cada vez que una carta de abuelita
se las arregla para llegar a nosotros, los luminosos sellos
    postales
son una prueba infinitesimal de que la isla
de mi infancia
todavía existe.

LA LIBERACIÓN DE LAS MUJERES

El feminismo está en las noticias en todas partes, y ahora
de cierto modo ha entrado a nuestra casa.
Mamá sale y encuentra un trabajo que le paga
por primera vez desde que tenía catorce años,
cuando tuvo que abandonar el octavo grado
porque abuelita no podía darse el lujo de enviar
a dos niños
a la escuela,
así que sólo tío Pepe
pudo estudiar,
mientras que mamá —porque era
una niña— tuvo que ganar dinero
pintando diseños en cerámicas
mientras esperaba a ser lo suficientemente mayor
para casarse.

Ahora que ella trabaja en una tienda, tengo que cocinar
y limpiar mucho más, pero el esfuerzo
vale la pena, porque mi madre por fin siente
que es igual
a su hermano.

LIBRE EXPRESIÓN

Decido que nunca me voy a casar.
Lo único que quiero hacer es viajar y aprender.
Lo único que me hace falta son libros, no novios.

La mayor parte del tiempo, E. bajita está bien; su mente
sólo divaga cuando está drogada.

Juntas encontramos gente que nos lleva hasta Berkeley
a visitar el campus universitario
donde todo el mundo grita todo el tiempo, exigiendo
el derecho
a ser escuchado.

La guerra, el racismo, el sexismo, todos los temas del
    movimiento de libre expresión
son tan importantes, pero luego, de vuelta en casa,
me quedo estupefacta cuando mamá
habla sobre Cuba en una reunión de cuáqueros y de repente
tiene que ser escoltada a través del estacionamiento,
en donde protestantes en contra de la paz la ven como una
    diana
para su odio.

La libre expresión puede ser
tan peligrosa...

EL DÍA DE LA FOTO

No voy a la escuela
y me escondo en el parque.

Será un alivio
abrir el anuario
y ver
mi ausencia
de la sección de predicciones
que dividen y comparan a las muchachas:
la más linda, la más chévere, la que tiene mayores
    probabilidades de triunfar
como estrella de cine.

Un día cuando todos seamos viejos,
este anuario demostrará que en verdad yo era
invisible.

ÁRBOLES QUE CAMINAN

He leído de una selva en Ecuador
de raíces aéreas que crecen en ángulos
que ayudan a los árboles a inclinarse
hacia los rayos de luz solar
al moverse
      tan sólo
         unas pulgadas
            por día
               hasta
                  que la selva
                     lentamente ha llegado
                        a un nuevo hogar.

Pero no soy paciente, así que me inclino
hacia Berkeley, con la esperanza de que la universidad
y el movimiento de libre expresión
me guíen directamente a una forma
rebelde de la paz.

En abril, cuando Martin Luther King Jr. es asesinado,
protestas furiosas ocurren tras la noticia de su muerte
por todo este
    fracturado
       país
así que el resultado es: revueltas
aunque King predicaba la no violencia

en un tiempo   en que   el vasto   abismo

entre los halcones de la guerra   y las palomas de la paz
racistas   y amantes de la justicia
crece   crece   crece
más
y más
de manera salvaje.

Aire salvaje

1968-1969

POR FIN LA UNIVERSIDAD

La Universidad de California en Berkeley,
mi cumpleaños diecisiete, llego sola,
demasiado testaruda como para dejar que mis padres me
   ayuden a mudarme
tan lejos
de
casa.

Freak-out, estirada, *laid-back*, bacán,
bummer quiere decir malas noticias y *bread*
quiere decir dinero.

Aprendo rápidamente el lenguaje de la juventud
cool y rebelde, aunque yo también
de repente me siento
aislada
antigua
sola.

Mi hogar es ahora una cama y un escritorio
en una residencia estudiantil, en la que trabajo
en la cocina, pelando papas para pagar
la pensión completa.

Una de las demás muchachas tan sólo tiene diecisiete años
   también
y llora constantemente por el hijo de cuatro años
que le obligaron a dar

en adopción.
Cuando hablamos, todas nuestras palabras
dan vueltas como lunas alrededor del planeta
de su giratoria, atormentadora, en órbita,
tristeza
materna.

No la puedo ayudar en nada.
¿Y yo qué sé de bebés?
Años de pasar fines de semana cuidándolos
a cambio de un poco de dinero
no me enseñaron nada más
que cuánto más sencilla
sería la vida
si alguna vez
me enamorara
me casara
diera a luz
me ocupara.

ONDAS CEREBRALES

Mis padres me ayudan
a pagar la universidad, pero me hace falta un trabajo,
y ser niñera ya no parece ser
la única opción.

Así que encuentro trabajo de sujeto de prueba
en un laboratorio de psicología en donde estudiantes de
    posgrado
conectan cables espeluznantes
a electrodos
en mi frente.

Luzco como la portada de un libro de ciencia ficción.
Unos aparatos raros registran las misteriosas pulsaciones
de mi cerebro oculto que reacciona
al mirar películas cómicas
seguidas
de horripilantes
noticias de guerra.

Si tan sólo los políticos pudiesen ver estos resultados.
Tal vez decidirían conquistar el mundo
con comedia, en lugar de con armas.

ESCOGER MI FUTURO

Con el trabajo y la pensión establecidos,
me hacen falta clases.

El mundo parece infinito.
¡Tantas opciones!
¿Por dónde comienzo?

Primero visito los pasillos similares a museos
de los departamentos de Ciencias,
Paleontología y Antropología,
los polvorientos huesos
de dinosaurios
y cavernícolas
que se ciernen por encima de mí
como en los espeluznantes
cuentos al calor de una fogata, como si el pasado
pudiera saltar a la vida, claramente visto,
una prehistoria
visual.

Todavía indecisa, me paro en una fila
tras otra, hora tras hora,
junto a miles
de perplejos estudiantes de primer año,
todos quejándose
de que es demasiado
muy grande

tantas clases
ya no tienen cupo.

Al final, me entero de que me he matriculado
en Introducción a Antropología Física,
Literatura Italiana del Renacimiento,
Hindi-Urdu Básico,
y Composición para estudiantes de primer año,
una clase en la que hay que escribir ensayos
diseñados para convencerme de que sé
expresar mis opiniones.

Las versiones simples de la clase de composición
estaban colmadas, así que la sección en la que estoy lleva por
   nombre
Retórica.

¿De veras estoy matriculada en una clase
de discusiones?

RODEADA DE DESCONOCIDOS

Todos los estudiantes de la residencia estudiantil fuera del
   campus
son del curso introductorio a la medicina, las leyes, la
   enfermería, la educación,
jóvenes blancos y negros de la costa del este,
ninguno me es conocido, ni siquiera una persona de Los
   Ángeles, o alguien que hable
español.

Es difícil explicar por qué quiero estudiar
una *-ología* a cielo abierto que me lleve a explorar
distantes selvas tropicales,
en lugar de una pragmática y rentable
carrera urbana
común y corriente.

Así que no intento encontrarle sentido a nada.

Tan sólo me permito ser una desconocida.

Los viajes de ida y vuelta a Cuba de mi infancia
son guardados en secreto, incluso de mí misma, porque a estas
   alturas
soy una experta en el arte en cámara lenta
del olvido.

LO EXTRAÑO DE LA VIDA COTIDIANA

La residencia estudiantil está en una avenida
repleta de limosneros desgreñados
que piden unas monedas
mientras que unos bailadores con ropas de color azafrán
giran en círculos, fingiendo ser espirituales
e indios, aunque tan sólo son
muchachos blancos de clase media
que viven una aventura
mientras piden limosna.

Vagabundos.
Hambrientos.
Drogados.
Borrachos.
La gente de la calle se mete
en la cafetería
a buscar comida.

Algunos sólo comen y se van,
pero otros se quedan y hablan, con la intención de sonar
como estudiantes, mienten sobre sus identidades,
con tal de engullirse las papas desabridas que yo pelé.
No me importa cuando se roban la comida,
pero soy cautelosa...

Alguna de esta gente de la calle
parece amable, pero otros son agresivos,

se mueven como boxeadores, siempre listos
para pelear...

¿Es acaso mi sueño de la paz
tan sólo una ilusión
que me queda
de la infancia?

ATACADA

Estoy en el pasillo,
rumbo a mi residencia estudiantil.

Un hombre vestido de traje me sigue
desde la cafetería.

No es un estudiante,
no pertenece a este sitio.

Siempre he tenido la expectativa de que moriré joven
en esta vida en la que islas enteras
se esfuman.

Entonces, ¿es este el momento en el que me acuchillan
o me pegan un tiro?

En lugar de una pistola o una navaja,
empuña una larga sombrilla negra,
me tumba al suelo, finge como que me apuñala
con el mango filoso,
luego me deja ilesa
pero temerosa, como un pájaro
aturdido luego de chocar al vuelo
contra una ventana.

DAÑADA

Sólo
mi
confianza
en
la
generosidad
del
mundo
resultó
herida.

No tengo cicatrices.
Sólo una ausencia de fe
en la bondad.

EN BUSCA DE REFUGIO

Cuando otro vagabundo se me acerca
y me pega una bofetada, entiendo
que me tengo que mantener alejada de la residencia
   estudiantil.

Así debe ser como las muchachas
en Vietnam se sienten, con soldados
que las atacan
del sur
y del norte.

Así que me llevo mis tareas a la biblioteca,
en donde paso la mayor parte de las mañanas y las tardes,
tan sólo atreviéndome a regresar a la supuesta
cooperativa
en la noche
a dormir,
inmersa
en un tsunami
de pesadillas.

TAREA

Me encanta la enorme biblioteca, con tantos
lugares tranquilos en los que puedo practicar
la escritura de frases en hindi, intentando dominar
todos los puntos, las líneas y las florituras del devanagari,
un alfabeto compartido por más de cien
idiomas.
Cuarenta y siete letras.
Catorce vocales.
Treinta y tres consonantes.
Todo cuelga delicadamente,
como vides
gemelas
con tímidos bucles
que crecen bajo las líneas
en el papel, en lugar de posarse
por encima...

La belleza
y la complejidad
de un alfabeto desconocido
es un reto,
pero la escritura fluye más libremente
que la pronunciación, sobre todo con
el sonido nasal *eh* al completar
mi primera oración:
Mera naam Margarita hai.
Mi nombre es Margarita.

¿Aap a kya naam hai?
¿Cómo te llamas?

Santre bahut asha hai.
Las naranjas están muy buenas...

La práctica es tan elegante
y exigente
como la poesía.

Tengo que soplar mi aliento en cada *h* oculta,
estar pendiente de dónde pongo
la lengua
contra mis dientes,
controlar la forma de mis labios, hasta que la boca
está exhausta, luego intentarlo de nuevo, persistir y nunca,
    nunca
darme por vencida.

¿DIECISIETE ES LA EDAD
DE LOS DESEOS?

Sobrevivir.
Amar.
Viajar.
¡Tantos sueños!
Tan poca experiencia.

La única cosa que en verdad aprendí en el bachillerato
fue cómo aprender.
Escuchar.
Querer saber.
Imaginar.
Atreverme a resolver desafíos difíciles.
Nunca suponer que puedo dar respuestas
hasta estar convencida de que entiendo
las preguntas.

Cuando todo esto fracase, confía en la biblioteca.
Pero este edificio en UC Berkeley es tan vasto
que no sé por dónde empezar la búsqueda
de mapas y guías que me ayuden a escoger
mis destinaciones futuras.
¿Y qué tal Cuba?

¿Acaso
alguna vez
será posible

un regreso
a la patria
de mi madre?

Cambiaría
décadas de adultez
por otro viaje emocionante
a la isla
perdida
de mi infancia.

SOBREDOSIS

Hay un tipo en la residencia estudiantil
que siempre luce feliz.

No estoy segura de qué estudia,
pero cuando me invita a una lectura de poesía,
comienzo a preguntarme si resultará que seremos
más que amigos.

Entonces me enseña la fuente
de su supuesta dicha.
Pastillas.
Está destrozado.
Me lleva a escuchar a B.B. King cantar el blues
y a ver a Jimi Hendrix destrozar una costosa guitarra
contra las bocinas, mientras saltan chispas de la música
rabiosa.

Las pastillas van de un lado
a otro en la sala de conciertos,
pasadas de mano en mano,
mi escalofriante memoria de las alucinaciones
de E. bajita
me hace tragarme
tan sólo una
tableta
pequeñita.

Pero mi pareja se toma muchas
y pronto
va rumbo
a la sala de emergencias,
con su cordura   deslizándose   divagando
    tan lejos
que, durante días, todos en la cafetería
de la residencia estudiantil
hablan de él
como si fuera posible
que nunca regrese,
y tienen razón.

   Una mente   más   perdida
                          en ese barranco empinado:
                                       LSD
                                       ácido.

QUIETUD

Me hace falta recuperarme
a cielo abierto
del choque
de la sobredosis
de un amigo.

La naturaleza.
El bosque de secoyas.
Sin gente, tan sólo árboles,
esta altura
de cielo...

y un tamaño
interno
de silencio.

EL MISTERIO DEL MOVIMIENTO

De vuelta a las clases.
Sentada obedientemente.
Con la intención de escuchar.
En la pugna por aprender.

Abro libros de la biblioteca.
Nada es constante.
Todo cambia.
La tierra rota a mil millas por hora,
gira alrededor del sol a 67 000 mph,
un total de 1 600 000 millas por día,
mientras que el sistema solar se desliza a 1 300 000 mph
en la Vía Láctea.

Así que mientras estoy sentada, de hecho, viajo
32 000 000 millas cada día.

¿Cuántas ilusiones más vivo en carne propia
que, junto a esta, me engañan hasta hacerme creer
que soy capaz de escoger
mi propia
dirección?

BASTA DE MUCHACHOS

Jamás volveré a mirar a otro muchacho, sobre todo cuando hay
una probabilidad tan grande de que muera en Vietnam
o que se quede
y sufra una sobredosis.

HAIKU LA AÑORANZA EN UN DÍA NUBLADO EN LA BAHÍA DE SAN FRANCISCO

Familia, amigos,
esmog, calor, la espera:
yo los añoro.

T. EL REBELDE

Alto, delgado, amistoso,
con el pelo al estilo natural
y la piel a medio camino entre la de su padre de tez clara
y la de su madre de tez oscura.

Opta por llamarse tan sólo negro
aunque es blanco a partes iguales,
del mismo modo que yo sigo pensando en mí misma
como mitad cubana, mitad americana,
la identidad es una mezcla tan personal
de la herencia
y el entorno.

Pero T. no me pregunta por mis padres.
Da por supuesto que soy chicana, con ancestros
de México, una de las cuatro ramas
de un movimiento incipiente en UC Berkeley:
los huelguistas del Tercer Mundo.

Cuando T. el rebelde me pide que me les una, digo que sí
y acabamos coqueteando; no estoy segura de por qué
me escogió, cuando él es tan valiente y yo soy tan tímida.

PROTESTA

Nos paramos cara a cara
frente a policías
con equipamiento antidisturbios
y gritamos
mientras fingimos
no sentir
ningún miedo
de sus cascos,
de sus armaduras,
de sus máscaras antigases,
de sus armas.

Nuestro piquete se parece a una zona de guerra.
Tal vez lo sea.
Tercer Mundo quiere decir
ni capitalista ni comunista,
pero ahora se vuelve una congregación
de jóvenes norteamericanos que se sienten fuera del juego
dentro de las fronteras de USA:

negros, chicanos, asiáticos, nativos americanos;
no encajo en ninguna de estas cuatro categorías
de clases de estudios étnicos que exigen
los huelguistas, pero con gusto me apuntaría
a cualquier curso que enseñe historia olvidada.

El único problema es que nuestra huelga es un boicot.
Pararme cara a cara frente al escuadrón antidisturbios

implica que me perderé los exámenes, así que voy a suspender
Hindi-Urdu Básico
Literatura Italiana del Renacimiento
Introducción a Antropología Física,
y Composición/Retórica para estudiantes de primer año.

Devanagari es la habilidad que más anhelo.
Dominar un idioma requiere práctica diaria.
¿Soy lo suficientemente valiente como para sacrificar mi única
   oportunidad
de aprender un segundo alfabeto?
Cuando sostengo la pluma de caligrafía en la mano,
cada letra extranjera es una puerta mágica
que me invita a ser amiga por correspondencia de gente
que vive lejos de mí.

¿Qué anhelo más: rebelión
o comunicación?

CANTO MI PROPIO BLUES SECRETO

Anhelo las evaluaciones de mitad del semestre, las finales,
y todos los exámenes y las pruebas
de por medio.

Sí, tengo que pasar todas mis clases,
quedarme en la universidad, hacer cualquier otro sacrificio,
pero no este: el fracaso
académico.

Si le digo la verdad a T. el rebelde,
pensará que soy una hipócrita por estudiar
India e Italia, en lugar de nuestro USA
que tenemos en común.

EL PROBLEMA CON EL CHE GUEVARA

T. el rebelde, como cualquier otro idealista no cubano
en Berkeley, tiene un afiche del Che en la pared,
pero el Che no fue tan sólo un apuesto joven vagabundo
de Argentina; también era un doctor
que se unió a la revolución de mi isla ancestral
y luego optó por matar a la gente
en lugar de curarla.

Mató a mis parientes después de que lucharan
con él
no contra él.

Así que cuando T. el rebelde me pregunta por mi familia
   mexicana,
lo corrijo: *cubana*, e inmediatamente
se horroriza
y se llena de tanta rabia
que me tilda
de gusana.
Él se cree el mito
de la revolución perfecta.
Da por supuesto que yo
soy una enemiga
de la perfección.
Dice que soy una fanática.
No es verdad.
No soy una contrarrevolucionaria.
Tan sólo no creo
en la violencia.

Gusana.

Gusana a secas.
Comensal monstruoso de la carne muerta,
no una oruga que espera a ser transformada.

A partir de ese momento, T. el rebelde se niega
a hablarme, excepto cuando me amenaza
con patearme con sus botas de puntas de metal
si me atrevo a cruzar el piquete
y regresar a clases
en mi esfuerzo por pasar
los exámenes.

No le cuento de mi tío,
porque no me va a escuchar de ningún modo,
pero cuando tío Pepe era miembro del equipo olímpico
de francotiradores cubanos, tuvo que practicar con el Che,
quien era famoso por su mala puntería.
Pepe tuvo que fingir que sus propias habilidades
eran inferiores, tan sólo para asegurarse de que no
lo fueran a castigar.

Así que mi lealtad está con mi tío,
no con los jóvenes norteamericanos
que todavía se aferran a la fantasía
de un Che heroico.

PRÓFUGO

La próxima vez que veo a T. el rebelde
es una cara en la televisión,
lo buscan por secuestrar
un avión y llevárselo a Cuba.

Tal vez debí haberle advertido
que lo van a arrestar cuando llegue
a mi isla ancestral.

No va a ser un héroe.
No va a encontrar la aceptación.

¿Qué es lo que hace falta para que la gente
eche a un lado sus ilusiones?

Los americanos viejos suponen que la isla es el infierno
mientras que los jóvenes idealistas se la imaginan
como el paraíso.

C

Es la letra a la que más temo, incluso peor
que una D o una F, porque demuestra
que, por un tiempo breve, escogí
a un hermoso rebelde
en lugar de la valiosa
oportunidad
de aprender hindi.

Ahora busco un camino
a través de senderos
ocultos que me llevan
de regreso a clase
por la parte trasera,
por la arboleda de las secoyas,
que parecen jardines de serenidad,
en lugar de pasar cerca
del poderoso
piquete
que me derrotó.

¡MATA LA CUCA!

Sigo asistiendo a clase cada día
y en las tardes me ofrezco de tutora voluntaria
de niños migrantes —que son trabajadores agrícolas—
en medio de la campiña,
mi transporte es un maestro local
que me acepta en su equipo entusiasta
de estudiantes chicanos, aunque admito
que soy cubana,
no mexicana.

Todos somos primos, dice.

Es la primera vez que he encontrado un modo de pertenecer
en Berkeley.

Los niños a quienes ayudo a repasar me enseñan a gritar:
¡Mata la cuca!
cada vez que nos quitamos los zapatos para aplastar
cucarachas
que se escurren subiendo y bajando las paredes de la cocina
cerca de la mesa
en donde bebemos jugo
y practicamos la lectura de libros infantiles
escritos
únicamente en Inglés.

¿Por qué no hay historias bilingües
para que esta familia entera de trabajadores agrícolas

pueda entender
nuestra lección?

Cuando les doy las buenas noches, los padres me acompañan
a la puerta y me preguntan qué significa la palabra "Cuba":
¿es un lugar?

Una isla del Caribe, respondo, y deseo
que la isla caribeña de mi madre no se hubiese esfumado
de tantos mapas
emocionales.

¡HUELGA!

Los fines de semana me sumo a la caravana de estudiantes
que lleva comida a los trabajadores agrícolas al sur de Fresno
en el pueblo de Delano, el cuartel general de los huelguistas
liderados por César Chávez.

Dormimos en el piso de una casa en la que el arroz,
los frijoles y los vegetales que traemos son servidos
a miles de filipinos y mexicanos
que no pueden darse el lujo de comprar los productos
   agrícolas
que ellos mismos siembran y recogen.

Salarios justos.
Horario de descanso.
Agua.
Baños.
Seguridad, sanidad, dignidad.
Sus exigencias parecen tan razonables,
pero el boicot a las uvas ya se ha extendido durante años.

Las protestas pacíficas son lentas, pero valen la pena.
Estoy convencida de que Chávez va a vencer
en esta situación en la que la violencia
podría fracasar.

Para el momento en que regreso al campus,
he aprendido dos lecciones de la vida real:
paciencia
fe.

UNA REBELIÓN A LA INVERSA

En lugar de fumar porros
con nuevos amigos en la residencia estudiantil,
leo a Vine Deloria Jr.,
N. Scott Momaday,
V. S. Naipaul,
Mariano Azuela,
Piri Thomas,
Octavio Paz.

¿Acaso soy la única jipi
que detesta el efecto resbaladizo de las drogas en la mente
y se encuentra
"drogada"
con la poesía
de Paz?

Lo primero que hacemos cada mañana
en Hindi-Urdu Básico es juntar las manos en una plegaria,
un saludo,
namaste,
paz.

LISTA PARA APRENDER

El profesor de Antropología está encaramado a un escenario,
habla a quinientos estudiantes de primer año y explica
que la definición de humano ha cambiado
ahora que Jane Goodall ha observado a los chimpancés
hacer herramientas.

¿Acaso tendré que ajustar mi propia definición
de mí misma?

Otra huelga se ha tragado a Berkeley ahora;
esta se llama El Parque del Pueblo e intenta
transformar un solar yermo en un espacio público,
en vez de dejar que los inversionistas de la construcción
   destruyan
hermosas y verdes
florecillas
silvestres.

El gas lacrimógeno cae de los helicópteros.
A la carrera aquí abajo, todos lloramos, todos
atrapados en el diluvio de un veneno
del escuadrón antidisturbios
que te quema los ojos.

DERROTADA

Sí, estoy lista pata cambiar mi definición
de mí misma.

Basta de vida estudiantil que erupciona
en violencia.

A LA INTEMPERIE

A toda prisa, en medio de las revueltas de El Parque del Pueblo,
se me ocurre un plan para escapar de este caos.

No tengo mochila, así que me envuelvo
los hombros con una barata bolsa de dormir
—excedente del ejército— y con sandalias
en lugar de botas, encuentro a alguien que me lleve
a la cima de las montañas que llaman Los pináculos.

Sin tienda de campaña.
Sin conocimiento.
Acostada cuan larga soy en la tierra mojada, tiemblo
mientras que la lluvia común de California del norte
se convierte en un acontecimiento raro: nieve.

Hambre.
¿Por qué no traje comida?
La paz del bosque durante el día, un miedo helado
en la noche.

Fragmentos de conversación
con grupos de excursionistas, desconocidos.

Para el momento en que llego
al monasterio zen de Tassajara
estoy tan agradecida
por la tacita de té caliente
ofrecida por monjes silentes

que el significado de esa palabra común —gratitud—
crece hasta convertirse en algo enorme
y maravilloso.

ENTREVISTA DE SALIDA

A los consejeros no parece importarles
por qué tengo sarpullido de roble venenoso
o por qué voy a dejar la universidad,
pero se supone que tienen que preguntar, así que les digo
la verdad: mi experiencia de estudiante de primer año
ha sido demasiado aterradora,
sin otra cosa que amenazas,
insultos,
revueltas.

Pensé que era valiente,
pero tengo miedo.

Los tres miembros del comité de consejeros
asienten, se encogen de hombros, sonríen y concuerdan en
    que, sí,
muchos otros estudiantes de primer año también están
    abandonando los estudios.

No me preguntan a dónde iré
o qué voy a hacer
para sobrevivir.

A la deriva

1969-1970

ANÓNIMA

He perdido mi identidad;
ya no soy estudiante.
Mi cara en el espejo
es la de una desertora escolar
una desconocida.

¿India?
¿Borneo?
¿Perú?
No tengo suficiente dinero.

¿A casa?
Ya no sé
qué decirles
a mis padres.

¿Mudarme al otro lado de la bahía
a San Francisco?
Tal vez.

CUALQUIER BRISA

El futuro es una hoja seca
ingrávida y flotante...

así que acepto la primera oferta que se aparece
cuando otra desertora escolar, en busca de compañera de piso,
me invita a que me le una.
¿Y por qué no?

Su pelo es de un rubio gélido, su nombre escandinavo,
su meta tan sencilla: encontrar apartamento, buscar un
   trabajo,
vivir como adultas.

UNA TANKA HECHA CON ESPERANZA ROBADA

Valiente B.
me ha enseñado a robar
pero tan sólo
lo hago una vez, la culpa
tan honda que me ahoga.

EL MERCADO LABORAL

Valiente B. encuentra trabajo en un bar toples
mientras que yo sigo buscando plaza
en la oficina de correos,
en el ayuntamiento,
la biblioteca,
tiendas,
en cualquier sitio
con horario de trabajo de día que termine
antes de que las profundidades de mi mente a la zozobra
den paso a las tinieblas.

BUSCADORA

No encuentro trabajo.
No tengo un centavo.
No puedo pagar mi parte del alquiler.
Así que tomamos rumbos separados, Valiente B. a la caza
de un hombre rico con quien casarse, mientras que yo voy sola
    a la deriva
hacia el parque Golden Gate, la calle Oak,
Haight-Ashbury, en donde me instalo en una comuna
de desconocidos que se comportan cual si fuesen familia,
hermanos y hermanas, no amantes:
comparten los gastos, la cocina, las labores domésticas.

Estoy feliz de tener mi propia esquina
de la destartalada vieja casa de madera,
una habitación tranquila con un asiento frente a la ventana
bajo una franja de vitrales.

Cuando abro las ventanas, escucho a los vecinos
cantar rezos budistas, pero cuando intento
unírmeles, descubro que mi mente inquieta
divaga hacia las fantasías, incapaz de atrapar
la paz
de la meditación.

MALHUMORADA

Al principio trabajo de vendedora callejera
y hago vestidos de *tie-dye*
para vender en el parque.

Pero no es suficiente: lo único que comemos en la comuna
es arroz y frijoles, así que me busco un trabajo de niñera
de un bebé regordete
cuya alegría
hace que mi melancolía
florezca.

¿A dónde va su madre cada día
cuando sale de su lujoso apartamento
vestida como una profesora universitaria
y con un maletín elegante?

¿Cuánta universidad me hará falta
para ganar
tanta confianza en mí misma?

EL TEJIDO

Voy en autobús hasta el almacén de un vendedor de lana,
en donde compro todo un vellón, acabado de esquilar
de una oveja, con ese olor a lanolina
áspero y antiguo.

Un ritual de limpieza
con agua hirviente
es lo próximo.

Luego aprendo a teñir las hebras limpias
con cáscara de cebolla, florecillas silvestres
y caparazones de escarabajos de color carmín.

Me satisface estirar los enredos al cardar
con clavos que inserto en el bloque de lana,
luego hago hiladas con las fibras de colores
al enrollarlas con un huso colgante.

Hacer un telar sencillo no es fácil
y tejer mantas es aun más difícil,
cada fracaso un modo
de retarme
a intentarlo una y otra vez
hasta que logro crear
unas cuantas torcidas
obras de arte textil.

Si no me puedo graduar de la universidad
al menos
puedo regresar
a una época en la historia
en la que los diplomas
no eran necesarios
para hacer artículos útiles
con pelo de los animales.

MI YO VERDADERO

En la comuna, las mujeres acaban haciendo todo el trabajo
mientras los hombres se recuperan del trauma de haber
peleado en Vietnam.

Los desertores del ejército rumbo a Canadá también nos
   visitan
en lo que escapan del destino de ser soldados en una guerra
que a todos nos parece
injusta.

Aventureros, trascendentalistas, realistas mágicos,
tan pronto me sumerjo en la vasta biblioteca de San Francisco,
me siento a gusto entre historias de otras tierras
y de épocas distantes,
un mundo lleno de caminos
hechos de palabras que viajan
sobre el papel liso.

¿Acaso soy mi yo verdadero
tan sólo entre las páginas
de las memorias
de desconocidos?

EL ALUNIZAJE

Un cuáquero que conozco del bachillerato,
siempre enojado, con su número del servicio militar al acecho,
su estatus de objetor de conciencia rechazado
por el ejército
porque no asiste
a los encuentros de la Sociedad de Amigos
y no puede demostrar
que reza.

Estamos juntos unos meses y entonces,
cuando nos separamos, habla de irse del país
mientras que yo me voy de vacaciones con mis padres y mi
    hermana
a una cabaña
al lado de un río salvaje
donde vemos
a un astronauta dar
su famoso paso
para la humanidad
en un paisaje
lunar
que luce
bastante menos inhóspito
que las fotos de las zonas de guerra en las noticias
aquí abajo en esta tierra imposible de entender
que gira y vuela y orbita
fuera de control.

Sí, el viaje espacial es una maravilla científica
pero todavía creo que el milagro
que en verdad necesitamos
es la paz,
no simplemente progreso
tecnológico.

LOCURA MUSICAL

Incluso antes del alunizaje,
ya había comenzado a frecuentar el Family Dog,
un viejo edificio en la playa
en el que Jefferson Airplane
canta acerca de conejos blancos,
voluntarios y alguien a quien
amar.

Conciertos gratis.
Protestas ruidosas.
Amigos drogados.

La universidad, los viajes, la paz,
y todas mis otras fantasías
están tan fuera de mi alcance
que con mis jeans llenos de parches y mi corazón en ruinas
una vez más vuelvo a escoger al tipo inadecuado:
un vagabundo, romaní, sin ningún plan
de quedarse en ningún sitio.

Juntos, deambulamos hacia la campiña
rumbo a las verdes colinas de Altamont
en donde los Rolling Stones están a punto
de tocar "(I Can't Get No) Satisfaction",
una canción que bailé una y mil veces
en el bachillerato...

pero la promesa de la música
es rápidamente arruinada
por los Hells Angels, la tristemente célebre
pandilla de motociclistas
hombres, tatuados, que se encaraman
encima de un camión
y me lanzan a la cabeza latas de cerveza llenas.
Su puntería de borrachos
es lo único que me salva
de una conmoción cerebral
o de la muerte.

VIOLENCIA

Los cuchillos aparecen de pronto.
Un hombre muere.
Masacre
en lugar
de música.

Cuando soy testigo de un asesinato
en esas hermosas colinas verdes
me hace sentir que en ningún lugar
jamás estaré a salvo.

Jamás escucharé una canción de los Rolling Stones
sin recordar el miedo
y la tristeza.

VOLUNTARIA

Sobria en una comuna
de amigos drogados,
camino a través
del estrecho enclave
del parque tranquilo
a una casa con teléfonos
en donde la gente se turna
en responder preguntas
sobre la desesperanza.

Jamás habría adivinado
que yo —que no puedo ni siquiera empezar a verme a mí
    misma
como una optimista— podría acabar sintiéndome útil
como parte de una línea directa para la prevención del suicidio
al ofrecer una lista de razones
para vivir.

LA CASA DE LAS PREGUNTAS

Toda suerte de desconocidos pasa por el lugar
en el que me ofrezco de voluntaria.

Los investigadores se dan una vuelta
y traen rosquillas y chocolate caliente
a cambio de respuestas de por qué
los jipis abandonan la universidad.

Respondo a cambio de comida gratis,
y aunque los sociólogos prometen
localizarme de nuevo en treinta años, tan sólo para ver
qué tal me ha ido,
sé
que no lo van a hacer.

Para ese entonces, habrán saltado a otros
temas más urgentes, estudiarán a los adolescentes
del futuro, los hijos de la gente
que sobreviva.

Este país es tan violento.
Tengo por seguro que voy a morir joven.

LA CASA DE LAS SORPRESAS

Ser voluntaria de una línea directa es delicado.
Algunas de las preguntas no tienen respuesta.

Un día una muchacha se aparece
a la puerta, en pleno llanto porque echa de menos a Cuba
aunque ella no es una cubana.

«Venceremos», me explica.
 Es el nombre de la brigada de cortadores de caña
para los jóvenes extranjeros que quieren ayudar a la revolución
en la isla.

La muchacha dice que acaba de regresar y quiere volver
y quedarse por siempre, pero los cubanos no la dejan,
porque piensan que los norteamericanos tenemos que
    quedarnos en casa
y enfrentar nuestros propios problemas.

Ha pasado tanto tiempo
desde los veranos de mi infancia con mis familiares
que casi he olvidado cuán desesperadamente
yo soñaba con vivir
en la isla.

RECUERDO A MI OTRO YO

¿Todavía está allá, mi gemela invisible,
la muchacha que yo habría sido si hubiésemos vivido
en la pequeña isla bañada por las olas de mamá
en lugar
de en el vasto
continente
rocoso de papá?

ERRANTE

No puedo volver a Cuba
y no tengo dinero para la India,
así que me voy de la ciudad en un antojo,
deambulo por el norte en los reconfortantes
bosques de secoyas, en donde la gente
vive en refugios improvisados:
torres de agua
tiendas de campaña
cabañas de madera
haciendas...

Para el momento en que regreso a Haight-Ashbury,
de niñera y con mi trabajo voluntario
de animar a desconocidos apesadumbrados,
me siento capaz
de deambular
por cualquier parte.

OTRO DESCONOCIDO
EN LA CASA DE LAS PREGUNTAS

¿Esto es el amor? ¿El odio?
¿Una tontería?

Jugando ajedrez en una de las mesas
de la casa con la línea directa para los suicidas,
hay un tipo barbudo de mi edad,
dieciocho años.

Va vestido como el Che Guevara: uniforme
verde olivo.
Debería
haber sospechado de él.

Me dice que puedo unirme a la Brigada Venceremos.
Lo único que tengo que hacer es ir a Nueva York.
Firmar unos papeles.
Escapar.

No podría precisar si en verdad sabe cómo ayudarme
a lanzarme a un viaje de vuelta a mi infancia,
pero no hay maneras legales
para que los ciudadanos de Estados Unidos
vayan a Cuba.

La prohibición de viajes está especificada
dentro de cada pasaporte norteamericano.

Ni siquiera a aquellos de nosotros con parientes
en la aislada
isla
nos está permitido
visitar.

L. EL ACTOR

Mi vida parece girar en círculos;
siempre regresa a errores similares.

«No te hace falta dinero», me promete,
«tan sólo tenemos que hacer autostop hasta Nueva York y
    unirnos
a la Brigada Venceremos allá,
en donde todos se apuntan
para apoyar cualquier revolución
en cualquier parte».

Dice que es un actor que acaba de interpretar a un personaje y
    espera el próximo,
que es pariente de italoamericanos famosos,
productores de cine; me dice que tiene conexiones
con la mafia, pero
es imposible saber si cuenta
la verdad
o la trama
de una película.

Yo debería ser
más desconfiada,
pero lleno una mochila
con comida de acampar,
meto una blusa de campesina
y una falda, jeans harapientos
y todo el dinero

que he conseguido ahorrar:
sesenta dólares.

Abuelita.

Los tíos y primos.

La finca.

Cuando llegue a la isla,
¿alguien
me reconocerá?

CRUZAR DE COSTA A COSTA

No estoy segura de si L. el actor interpreta a un personaje
o si me dice la verdad, pero me voy con él de todos modos,
de autostop
a dedo
implorando que nos lleven
en Nevada, Colorado,
en el desierto interminable, luego en las carreteras
    montañosas,
con el suelo que cambia de color mientras viajamos,
aceptando la generosidad de los desconocidos.

Les doy dinero para gasolina a los conductores,
les pago la comida, duermo en iglesias,
en concreto, soy una vagabunda, con la garganta ardiendo por
    el estreptococo
y con esta loca aventura que rápidamente se transforma en
    mera
subsistencia.

Para cuando llegamos a Cleveland
casi no me puedo sentar, y unos días después
estoy a la espera en una sala de emergencias
del hospital Harlem General,
rodeada de hombres que sangran producto de puñaladas
y heridas de bala.

¿SIN ESPERANZA?

Nueva York me aterroriza.
Debí haberme quedado
en uno de los estados granjeros
y buscar un trabajo
en el ordeño de las vacas
o el desyerbe.

Los rascacielos me causan pavor.
Demasiada sombra en las calles.
¿Dónde está el sol?
¿Los arbustos? ¿Los árboles?

¿Vagabunda en Harlem?
Mis últimos veinte dólares
son robados de mi cartera
por alguien que se sienta junto a mí
en una iglesia.

GENTE DE LA CALLE

Ahora soy uno de ellos,
los vagabundos a quienes temía
en Berkeley.

Una vez que me quedo sin dinero
no le sirvo de nada a L. el actor,
pero me lo vuelvo a encontrar
en el campus de Columbia University
en donde protestan los estudiantes, iracundos
por el bombardeo secreto de Estados Unidos a Cambodia.

Sin sitio en donde dormir
me sumo a una multitud de manifestantes
que toman una oficina en el edificio administrativo,
pero no estoy dispuesta a que me arresten, así que encuentro
a un amable poeta puertorriqueño
que accede a alquilarme una habitación
a crédito.

Ahora me hace falta un trabajo: la Brigada Venceremos
tendrá que esperar.

PERDIDA

Desalentada.
  Des-alentada.

Echo de menos mi hogar.
Anhelo
un
  futuro.

¿La valentía
  es lo mismo
que la esperanza?

UNA PAUSA PARA BUSCAR
EN LOS LIBROS MI ALMA PERDIDA

Hace mucho tiempo yo creía
que la poesía era un río en donde cualquiera
podía nadar, pero el miedo a la crítica
me abrumó, y ahora
lo único que tengo
es prosa.

Así que encuentro la biblioteca
y leo en lugar de escribir.

Jorge Amado, Gabriel García Márquez.
En los libros, encuentro aldeas perdidas en el tiempo,
pueblos que me recuerdan a Trinidad, en Cuba.

Cuando descubro que varios
de mis compañeros de clase en el bachillerato
han ido a vivir juntos
a un apartamento plagado de ratas
mientras estudian en Columbia,
les hago la visita, y me dejan que me mude con ellos,
pero tan pronto se entera
de que me ayudan, L. el actor
se aparece de nuevo en busca de cobija.

Un drogadicto se muda con él
y los dos cabecean
y duermen

en la profunda
indiferencia
de la heroína.

L. el actor se afeita la barba, luego la cabeza
y se une a una suerte de milicia
que viste un sobrio uniforme maoísta
en lugar de su viejo disfraz de Che Guevara.

Des-alentada, me doy cuenta
de que nunca sabré
si tan sólo actúa
o si en verdad está loco;
a lo mejor es realmente
peligroso.

DESARRAIGADA

Sin un diploma universitario
no puedo encontrar trabajo en ningún sitio
pero por fin encuentro un modo de entrar
a la Brigada Venceremos.

Me rechazan
simplemente porque mi madre
es cubana.

Tan sólo los norteamericanos sin parientes en la isla
son autorizados a cortar caña
machete en mano.

Mi razón para haber hecho autostop
hasta llegar a Nueva York
se ha esfumado.

Ahora, cada vez que salgo
del atiborrado apartamento,
tengo que esquivar ratas del tamaño de gatos
que buscan comida en la escalera
pobremente iluminada.

SUBSISTENCIA

Hay que pagar el alquiler, pero no tengo un centavo,
así que me lanzo a cualquier trabajo que pueda encontrar
y duro solamente una hora
de camarera.

Cuando me pierdo
en el complejo sistema del metro,
me persiguen unos pandilleros que me amenazan
con matarme, pero entonces soy rescatada
por un joven
que me lleva
del peligro
a un lugar seguro.

Aunque parece
un superhéroe de piel oscura,
tan sólo es un estudiante,
el más valiente
ratón de biblioteca.

EL TURNO DE LA NOCHE

El único trabajo que encuentro
es de operadora telefónica
en Greenwich Village,
conectando cables en un panel,
atrapada en una silla
hasta las dos de la mañana, cuando me subo
al deprimente metro para regresar al alocado apartamento
en donde L. el actor y su amigo drogadicto
se sientan a cabecear en el sofá, mientras los ratones de
   biblioteca
que yo conocía tan bien en el bachillerato
estudian, estudian,
estudian...

¿Alguna vez podré
volver
a la universidad?

Una vez que una oportunidad
ha sido abandonada,
¿es acaso posible redescubrir
la esperanza perdida?

INÚTIL

Sentada frente al panel, me entero
de que me quedo paralizada en las emergencias.

Cada vez que alguien llama para conectarse con la policía,
una ambulancia, o el cuartel de bomberos, mi voz
se apaga, las manos me tiemblan
y tengo que pasar el urgente
pedido de auxilio
a un supervisor.

Soy cobarde, tengo pánico de equivocarme.
Es el mismo miedo que apagó
el aliento
de mi poesía.

¿Por qué me imagino
que, para lograr algo,
todos mis ineficaces esfuerzos de tantear
tienen que ser
perfectos?

ANHELAR UN ESTÍMULO

Ánimo.
Apoyo.
Aliento.

Cuando L. el actor me amenaza
con un cuchillo de caza con mango de hueso,
lo tiro por la rampa de la basura,
pero él vuelve al día siguiente
con todo un surtido de utensilios,
todos cuchillos brillantes,
perfectamente
pulidos.

DISTANCIA

En el trabajo, a la hora del café,
me permiten
hacer llamadas de larga distancia.

No le cuento a mi madre sobre esas afiladas
cuchillas
que me persiguen en mis pesadillas.

En su lugar, hablamos de la familia,
y me advierte que mantenga la distancia
con Pepe, mi tío que ahora
es un refugiado y vive en Elizabeth,
Nueva Jersey, la segunda
Pequeña Habana más grande
después de Miami.

No sabía que él estaba aquí, tan cerca,
tan sólo al otro lado del río de Manhattan.
Un pariente.
Alguien cariñoso.
Su risa.
Un vínculo
al pasado...

Pero he sacrificado mi oportunidad de pertenecer
a su lado, porque él no puede arriesgarse
a ser asociado con una cubanoamericana

lo suficientemente tonta como para tratar de ofrecerse de
    voluntaria
para la imposible meta de la isla
de hacer una zafra
de diez millones de toneladas
de caña de azúcar.

Aunque yo no me pude unir
a la Brigada Venceremos, estoy registrada
como alguien que intentó viajar al sitio
del que tío Pepe
se acaba de escapar.

ENFRENTAR LA REALIDAD

Ahora sé la verdad acerca de L. el actor.
Loco y peligroso, lo suyo no es fingido.

Descalzo y envuelto en una sábana, camina
por Riverside Park en la alta noche y celebra
una suerte de ceremonia imaginaria.

La línea entre las milicias y los cultos
es finísima.

Así que me voy
de viaje por carretera
a explorar
la quietud.

EN LA ISLA DE LOS TRASCENDENTALISTAS

Walden Pond, luego Cape Cod,
esta tranquilidad pacífica
junto a la ira abrazada por las olas
del océano.

Duermo en una duna de arena
arrullada
por el murmullo
y el rugido
de la reconfortante
naturaleza.

Tierra verde

1970-1971

ORFEO

La historia de un viaje al inframundo
acaba por enviarme de vuelta a esa fuente
de desánimo —haber abandonado
la universidad— pero en esta ocasión
tendré que quedarme con mis padres
en casa
en mi viejo
cuarto
cuatro
paredes
apenas
el espacio
suficiente
para estudiar.

Siento como si me hubiese aventurado demasiado lejos
de los amores de mi infancia:
la naturaleza
y la poesía.

Es hora de regresar y tratar de encontrar
el coraje.

LUEGO DE AÑOS A LA DERIVA

De vuelta en Los Ángeles
en donde comencé:
sin novios
ni fantasías
de complacer a unos tipos
que tan sólo desean
control
absoluto.

Tengo que
redescubrir
mi yo original
antes de compartir la vida real
con alguien
más.

VOLVER A EMPEZAR

Vivir en casa de mis padres
es gratis y los trabajos tediosos me dan
el suficiente dinero
para libros de texto, mientras que las bajas
cuotas de matrícula de las universidades comunitarias
hacen que las altas tasas de Berkeley
parezcan una fortuna desperdiciada.

Oficinista en una agencia de viajes.
Clasificadora en una oficina de correos.
Ayudante en un centro comercial, dando brincos
de un departamento a otro,
sin nunca saber lo suficiente sobre nada
para responder las preguntas de los clientes perplejos.

No me importa si estos trabajos son aburridos,
siempre y cuando mi mente tenga la libertad de viajar
de ida y vuelta a las clases de ciencia y aprender
acerca de la naturaleza en órbita de este mundo
con todos mis movimientos salvajes
enmascarados
por la gravedad.

ASESINOS

El campus centro sur está tan lejos
de la casa de mis padres en el nordeste de Los Ángeles
que tengo que tomar dos autobuses de ida y vuelta,
de una hora cada uno, más la espera para hacer las conexiones
en el *downtown*, justo enfrente al palacio de justicia,
en donde varias muchachas de Charles Manson se paran
en un círculo en la acera y corean
de un modo escalofriante.

El loco a quien adoran
está sometido a juicio.
Algunas de las muchachas
también serán condenadas.

Trato de no mirar fijamente, pero nuestros ojos se encuentran
y en ese instante sé que yo pude haber sido
igual que ellas, si hubiese seguido a la deriva, sin rumbo,
escuchando a L. el actor o a cualquier otro mentiroso
peligrosamente
convincente.

AHORA SÓLO ESCUCHO
A LOS PROFESORES

Geología.
Geografía.
Meteorología.
Botánica.
La poesía de la ciencia
se derrama sobre mí
como una cascada
e inunda mis emociones
con una sensación
de pertenecer
aquí en la tierra.

Rocas.
Continentes.
Clima.
Plantas.
Mi mundo está completo
una vez que he aprendido
los rítmicos nombres
de los vecinos
de la vida humana.

UN VIAJE DE ESTUDIOS
DE GEOLOGÍA

El Gran Cañón.
Excursión.
Acampada.
A gatas
descendemos, a través de capas
de milenios y luego volvemos sobre nuestros pasos
a los tiempos modernos,
haciendo un alto
en un cono de escoria
rumbo a casa,
uno de esos perfectamente simétricos
volcanes antiguos, perdido en el desierto
en donde el silencio, el viento y las plegarias
parecen ser más bien viejos
amigos.

TUTORÍA

Mi nuevo trabajo en el campus
es guiar a madres que reciben beneficios sociales
mientras a ellas les cuesta entender la diferencia
entre minerales naturales y el concreto
hecho por el hombre.

Me dicen que nunca han salido de la ciudad.
La Geología es una asignatura en la que se matricularon
tan sólo para cumplir un requisito, pero los viajes de estudio
son todo un disparate. ¿Quién se va a ocupar
de sus bebés?

Así que me siento en una habitación llena de mujeres mayores
y pasamos pedazos de granito
mientras destaco los ínfimos, brillantes
y casi ocultos cristales
de feldespato rosado,
de hornablenda negra
de cuarzo ahumado.

Cada vez que mi ciudad natal de Los Ángeles
entre en la erupción de las revueltas, recordaré a estas mujeres
que crecieron sin oportunidad
de aprender
a distinguir
entre el rígido pavimento gris
y la belleza compleja
de la naturaleza.

Recordaré que ellas tienen
un muy profundo sentido
de no pertenecer
a ninguna parte.

SOLEDAD GEOGRÁFICA

A veces un vacío en forma de isla
me entra por las venas y flota rumbo a mi cerebro
como el aluvión de una marea en la tormenta y me hace
   anhelar
a Cuba.

La paz
entre las naciones de mis padres
parece imposible, así que este deseo
es tan quimérico como viajar en el tiempo
a través de todos los años luz
de la memoria.

¿Todavía tengo una gemela invisible
que se quedó allá en esa isla perdida, la campesinita
que sabe lo que se siente al respirar
el aire encantado
y cabalgar?

METEOROLOGÍA

Luego de terminar Geología Avanzada,
Geografía Física, Geografía Cultural
y el incomprensible misterio de química,
estudio la ciencia del clima, un campo
tan lleno de sutiles movimientos del aire
que el acto de adivinar todavía es aceptable
una vez que todos los gráficos
han sido ingeniosamente bocetados.

Las tormentas representan un descenso de la presión
    barométrica,
el flujo de corrientes aéreas cálidas y frías
en patrones no muy predecibles,
al igual que mi futuro.

Si hubiese sabido cuán amplio y salvaje iba a ser
mi primer fracasado intento universitario,
podría haber comenzado aquí mismo
en una escuela más pequeña, en la que ninguno
de los profesores tiene un Premio Nobel,
pero, ¡ah!, ¡cuánto les gusta
enseñar!

LA QUÍMICA DE UNA MENTE PACÍFICA

Exámenes.

Pánico.

Demasiado susceptible.

Muy preocupada.

Una magdalena.

Hecha un guiñapo, igualita al moriviví,

la sensitiva planta mimosa

que recuerdo de Cuba, con sus plumosas

hojas verdes que se cierran de golpe

cuando las tocan

y luego se vuelven a abrir

tan lentamente,

incapaces de confiar en su entorno.

Algunos de los tipos que conozco son atractivos,

pero ya no habrá más novios para mí

que vayan a la deriva,

a lo loco.

ENTRE CLASES

Carteles, afiches, volantes contra la guerra
y en apoyo a la interminable
lucha de los trabajadores agrícolas
por la justicia
junto a una búsqueda
de cursos sobre estudios étnicos,
todas las mismas esperanzadas
protestas
de antes.

LA RAZA

Todos somos primos.
Todos los latinos son parientes: es una frase
que usa un organizador chicano
para darme a entender que soy bienvenida
en las protestas de los mexicanoamericanos
aunque yo sea una cubana,
en muchas ocasiones estereotipada
como un gusano.
La gusana.

La diferencia
entre UC Berkeley
y la Universidad Comunitaria de Los Ángeles
es la pobreza.

A los pobres no les interesa si soy un poco diferente,
siempre que estemos unidos por las mismas
causas.

LA VIDA FAMILIAR

E. bajita sigue hospitalizada,
y todos mis demás amigos del bachillerato
se han mudado a otras partes, en busca de sus propios
sueños universitarios, así que, en efecto, estoy sola, pero la
   familia
consuela.

Mis padres tienen sus propios mundos que no paran de girar.
Mamá trabaja en la clínica de un dentista japonésamericano,
en donde aprende fragmentos del lenguaje,
lo suficiente como para decirles a los pacientes cuando deben
   escupir
o enjuagarse la boca.

En su tiempo libre, se dedica a la jardinería, hace origami
con formas de flores y animales
o cose colchas, creando una calidez norteña
con colores tropicales.

Papá enseña arte, pinta lienzos
y talla complejas escenas en láminas de cobre
para luego imprimirlas en papel, con una prensa
de pinta medieval, con la rueda que da vueltas
con la pesadez de un planeta, mientras él pone la tinta
en las caras de Don Quijote
y de Rocinante,
el leal corcel del idealista caballero.

Cuando visito a mi hermana en Santa Bárbara,
descubro que todavía tiene su enorme
mascota, la boa constrictora, así como un perrito peludo,
una tabla de surfear, un novio...

Trabaja en una pastelería,
pero nunca engorda y vive en una cabaña junto mar, la misma
    casita
en la que Aldous Huxley escribió *Isla*, una novela
sobre un periodista que naufraga
en un paraíso tropical en el que la gente
intenta prevenir el tipo de tiranía
que aparece en *Feliz mundo nuevo*
y *1984*.

Envidio a mi hermana mayor.
Tiene una vida activa y llena de amigos,
mientras que la mía es tranquila, diligente, rodeada de libros,
del mismo modo que cuando éramos niñas, antes
de que yo empezara a explorar
los significados
de las frases
"aire espacioso"
y
"salvaje".

¡TERREMOTO!

La sacudida es poderosa,
un choque lateral seguido de movimientos
ondulantes,
placas de roca
que se desplazan
debajo de la cama
en la que me acuesto
sin poder dormir
rezando
aunque hasta ahora
no estaba segura de que alguna vez
creería de verdad
en Dios.

PERPLEJIDAD

Entiendo la escala de Richter
para medir los terremotos
y la clasificación de las nubes
al hablar de las tendencias de las tormentas
y hasta sé un poquito
sobre las predicciones
de desastres del medioambiente,
porque me leí
La explosión demográfica,
que muestra
las abrumadoras
matemáticas
del hambre en el futuro...

Pero todavía no entiendo
qué voy a hacer con mi vida
hasta que la Introducción a la Botánica
lo cambia
todo.

En cierto modo, la confusión a menudo conduce
a la claridad.

CRECIMIENTO

La Dra. H. se para frente al laboratorio de botánica
cuando hacemos la disección de las papas.

Cada "ojo" es el retoño de un tallo
que puede crecer y convertirse en una nueva
planta por separado.

Pobres criaturas de ciudad,
dice la Dra. H. con un suspiro:
ustedes piensan que las fresas germinan
en esas cajitas verdes
del supermercado.
¿No es así?

Tiene razón.
He estado lejos de las granjas de Cuba por tanto tiempo
que me he olvidado del suelo, las raíces, los brotes,
las flores, las frutas y las semillas.

Ahora tengo que empezar de nuevo
a aprender todo lo que tan bien sabía
cuando era pequeña.

CADA ALIENTO VIENE DE ALGO VERDE

La poesía del lenguaje botánico
me ayuda a sentirme útil.

Sin plantas, la vida humana
es imposible: oxígeno, no sólo comida,
la fotosíntesis parece milagrosa,
una transformación mágica de la luz solar,
la química de las moléculas alteradas
por los rayos radiantes.

En el laboratorio, cortamos a través de los órganos de las
    plantas
y luego examinamos el tejido bajo el lente
de un microscopio de disecciones
para que podamos adquirir
una clara visión de las membranas
y las paredes celulares, todos los lugares
en los que ocurren reacciones asombrosas.

Es como echarle un vistazo al pasado no tan distante,
ver una época en la que ninguna tribu humana pudo sobrevivir
sin entender las plantas útiles.

LA HERMANDAD DE LOS ÁRBOLES

En las caminatas alrededor del campus
hay taxonomía,
la relación entre las especies
que se encuentran en los senderos, todos los árboles,
los arbustos, las yerbas y las vides florecientes
son igualmente fascinantes: tantas maneras
de pertenecer
en la tierra.

INSPIRACIÓN

La Dra. H. es chinoamericana; su apellido japonés
es el resultado de un matrimonio que enfurece a ambas
   familias.

Es especialista en los helechos tropicales de Costa Rica,
mientras que su marido es un investigador que estudia los
   campos magnéticos
en Antártica.

¡Cuán fácilmente mi profesora de Botánica
desafía
las expectativas!

Me enseña algunos trucos
sobre la sabiduría del sentido común
que me ayudan a sentirme
preparada para la vida
en este planeta,
como si yo fuese una criatura
que recién ha llegado
del espacio exterior.

Los mangos son de la familia del roble venenoso,
por eso la cáscara de la deliciosa fruta
me deja una erupción en los labios.

El polen pegajoso de las flores coloridas
en rara ocasión causa alergia, pues esas flores

son polinizadas por colibríes, mariposas, abejas...
Los granos del polen llevado por el viento
son los verdaderos culpables,
al salir de los retoños
que apenas notamos,
las florecitas verduscas
de las yerbas y la ambrosía.

Pero el dato más importante que absorbo
durante una emocionante serie de conferencias sobre la
    botánica
es la historia de la agricultura, una habilidad inventada
por las mujeres mientras los hombres deambulaban
por todas partes, inmersos en la caza
o en la guerra.

Las mujeres y las niñas
eran las jardineras creativas
que cultivaban las semillas
y luego experimentaban
al sembrarlas.

Intentar algo nuevo
era algo tan natural
para los nómadas que siempre andaban
con hambre.

UNA CAUSA URGENTE

Un mundo verde.
Semillas sanas
en un suelo fértil.
Comida para mil millones
de desconocidos hambrientos.
Más y más miles de millones
cada unas cuantas décadas.

Desertificación.
Los árboles desaparecen
las regiones áridas se extienden
la geografía cambia
y una vez que los árboles
se esfumen
la lluvia
disminuirá
y el clima
habrá cambiado.

No hay modo
de dar vuelta atrás.

ENCUENTRO MI FUTURO
EN LA BIBLIOTECA

Al hojear gruesos catálogos universitarios
escojo una universidad politécnica
y una carrera:
Agronomía.
Producción de cultivos.

Esta vez, no me daré por vencida.
Tengo que aprender cómo alimentar a los hambrientos
con raíces, brotes, semillas, frutas
y perseverancia.

EL TRASLADO

Los nombres de las clases
suenan como poemas sobre el crecimiento de las plantas:
producción vegetal, pastura irrigada,
gestión del campo, identificación de hierbas,
producción de cereales y, sólo para divertirme:
¡equitación!

Pero no va a ser fácil.
Soy una de las dos primeras mujeres
estudiantes de agronomía
en este campus
y la única latina.

Necesito préstamos estudiantiles
y la ayuda de mis padres,
así como un trabajo en el equipo de la granja universitaria
en el que me toca el desyerbe, pues los profesores piensan
que las mujeres no deben operar maquinarias pesadas.

Puedo aguantar sus ideas anticuadas
si eso quiere decir que tendré la oportunidad de romper
el techo de cristal.

LA POESÍA ME VUELVE A DESCUBRIR

Una vez que sé qué hacer con mi vida,
¡las palabras, los versos, los ritmos
regresan!

Comienzo a garabatear poemas y pronto
me leo un delgado volumen bilingüe
de Tomás Rivera: *Y no se lo tragó
la tierra/And the Earth
Did Not Swallow Him.*

Me encanta el modo en que el verso y la prosa
el español y el Inglés
la infancia
y el acto de crecer
están conectados
de una manera tan natural.

El libro de Rivera es único y familiar
a la vez, como la ola de un océano
que se acerca de una isla distante
en la que existí mucho antes de volverme
adulta.

Tierra encantada

1973

PERSISTENCIA

Tanto ha cambiado.
La poesía volvió milagrosamente
a mi alma solitaria y a veces
soy casi,
de hecho, valiente.

Soy voluntaria en un proyecto de cuáqueros
en un pueblo destrozado por un terremoto
en la alta meseta del centro de México.

He vagado sola a través de Guatemala
y me uní a una expedición del Sierra Club
a estudiar una montaña salvaje
en Montana.

He hablado de los derechos de los trabajadores agrícolas
en una habitación llena de los hijos hostiles
de los dueños de las granjas.

Pero más que nada, he estudiado
y aprendido
sin abandonar la carrera
cuando la vida universitaria
se vuelve más confusa...
y a lo largo del camino
dos mitades separadas
de mi mente han flotado
un poco más cerca la una de la otra

ahora que abuelita
es una refugiada de Estados Unidos,
el asilo misericordioso concedido,
su vuelo a la libertad hacia España
tan sólo un desvío rumbo
a lograr que nuestra familia dividida
vuelva
a estar completa.

MIENTRAS LA TIERRA DA VUELTAS

Introducción a los Artrópodos.
Es una clase sobre insectos, arañas,
ciempiés, milpiés, crustáceos
y otros invertebrados
con cuerpos segmentados
y exoesqueletos duros
por fuera mientras su carne es suave
por dentro.

El excéntrico profesor
decide hacer un experimento:
sale del salón de clase
y nos indica
que debemos
arreglárnoslas
por nuestra cuenta.

Aunque ya he leído el capítulo
sobre las partes de la boca de los insectos, no sé
qué decir en pequeños grupos de debate,
así que en lugar de hablar
escucho
las historias de viaje
que cuenta un apuesto veterano
lo suficientemente afortunado como para que lo enviaran
a Oklahoma, en vez de a Vietnam.
Recientemente regresó luego de un año entero
de vagar

por todo el mundo,
de Portugal, España y Marruecos
a Turquía, Afganistán, Paquistán,
India, Tailandia, Singapur...

Una perra fiel llamada Flo
sigue a Curtis
de clase en clase.

Imagino que alguien
que es tan paciente y amable
con un animal que confía en él
debe ser honesto y generoso
con la gente también.
Tengo razón.

CADA AÑO ES UN VIAJE RÁPIDO
ALREDEDOR DEL SOL DISTANTE

Con el paso de los próximos años
mientras terminamos la universidad
y los estudios de posgrado,
nos volvemos mejores amigos
y con el tiempo algo más que eso...

Nuestras vidas se convierten
en una historia de amor.

La esperanza nos sigue
a dondequiera
que vamos.

NOTA DE LA AUTORA

Nunca imaginé que podría haber una época tan turbulenta como la década de los sesenta. La guerra de Vietnam, que pareció durar por siempre, debió haber servido como una advertencia contra el atolladero de conflictos liderados por EE. UU. en el siglo XXI en Iraq y Afganistán. Los estudiantes estadounidenses de bachillerato de hoy en día jamás han conocido un minuto en el que su país no estuviera en guerra. La paz, los derechos civiles, la libertad de expresión, las causas por el medio ambiente y todos los objetivos de las protestas de mi generación vuelven a estar amenazados una vez más. Defender esos derechos y libertades es necesario, pero las protestas a veces se vuelven violentas y, cuando esto ocurre, es confuso.

La universidad implica trabajo arduo, incluso en tiempos tranquilos. Las distracciones y el desánimo son comunes. El caos y otros desafíos como la nostalgia, las relaciones hostiles, el abuso de sustancias, las presiones familiares o las dificultades financieras pueden llevar al desaliento, incluso a la depresión. Más de la mitad de los estudiantes universitarios abandonan los estudios.

La universidad comunitaria me salvó. Las clases eran lo suficientemente pequeñas como para poder interactuar personalmente con profesores a quienes les encantaba enseñar. Las cuotas de matrícula eran bajas, lo que me daba tiempo para experimentar estudiando diferentes materias hasta que encontré una que verdaderamente adoraba. Escribí *La tierra al vuelo* porque tengo la esperanza de que estudiantes de secundaria y bachillerato quienes ya sueñan con la universidad puedan darse cuenta de que es válido seguir cualquiera de una variedad de caminos. Los campuses grandes y famosos no son los únicos que pueden ofrecer una educación inspiradora. Lo único que importa es escoger un sitio en el cual comenzar y luego perseverar. Yo terminé trabajando como agrónoma, botánica y especialista en la conservación del agua a la vez que de poeta, novelista y periodista. He estado casada con el hombre atractivo dueño del perro durante cuarenta años y todavía siento que la esperanza sigue a donde quiera que va el amor.

AGRADECIMIENTOS

Doy gracias a Dios por la esperanza.

Estoy agradecida a Curtis, Flo y el resto de la familia por su amor.

Por mi emocionante papel como Poeta Laureada de la juventud a nivel nacional, de 2017 a 2019, me siento profundamente agradecida a Poetry Foundation. Por su apoyo constante, estoy agradecida a Jennifer Crow, Kristene Scolefield y al Arne Nixon Center for the Study of Children's Literature. Por su ayuda con la escritura fonética de frases en hindi, estoy agradecida a Gauri Manglik, Jaskaranjit Singh y Kristi Miller. Gracias también a Mila Rianto, Sandra Ríos Balderrama, Angelica Carpenter, Joan Schoettler y Ann Caruthers. Como siempre, estoy profundamente agradecida a mi agente, Michelle Humphrey, y a mi editora, Reka Simonsen y a todo el equipo editorial de Atheneum.